사랑의 정원사

샘문시선 **1061**
한국문학상 수상 기념시집
김명순 감성시집

웃을 수 있어 행복한 시간들
더 크게 미소 짓고

더 많이
웃어 보이렵니다

그저
마냥 웃지요!
〈그저 마냥 웃지요, 일부 인용〉

말을 섞을 당신이 내 곁에
없기 때문이라오

울고 싶어도 붙잡고 울어 볼
당신이 없기 때문이라오

내 심연에 수련꽃이
피지 않는 것은
당신의 눈물이 메말랐기 때문이라오
〈상실의 시대, 일부 인용〉

사랑하고 안아주고
처음처럼 그렇게 살고 싶은데
내 마음의 깊은 우물이 생겼어요

이 아픔 꿈을 포기하고
내가 파놓은 우물에
숨어버릴지도 몰라요
〈아픈 사랑, 일부 인용〉

님께
_____

년   월   일
_____

드립니다.
_____

도서출판 샘문

한국문학상 수상 기념시집

사랑의 정원사

김명순 감성시집

여는 글

　시집 출간 원고를 넘기며 마음속 깊이 숨겨 두었던 설렘과 후련함이 차례차례 퍼져나갑니다. 꿈은 이루어진다는 믿음과 '할 수 있다'라는 다짐이 제 마음을 감싸며, 그동안 제가 감당해 온 수많은 날이 떠오릅니다. 긍정적인 마음으로 살아온 길을 되새기며, 그 여정의 소중함을 다시 한 번 느낍니다. 이 순간을 맞기까지 저를 이끌어 준 건, 포기할 수 없었던 배움에 대한 열망이었습니다.

　늦깎이 학생으로 정읍의 남일고등학교에 입학했을 때, 제 인생의 전환점이 시작되었습니다. 그곳에서 만난 〈김환생〉 선생님은 저에게 글쓰기의 힘을 일깨워 주셨고, 방과 후 시詩 수업을 통해 글을 다듬을 기회를 주셨습니다. 선생님의 깊은 사랑과 배려 속에서 저는 부족함을 느끼면서도 열심히 배우며, 마침내 문학그룹 샘문에서 시행한 한용운문학상 공모전에서 시인 이정록 교수님 추천으로 '한용운신인문학상'으로 시부문에 당선되어 등단할 수 있었습니다. 이제 시인이라는 이름으로 늦게나마 꽃길을 걷는 듯한 기분입니다. 이 모든 것이 가능했던 건, 늘 새롭고 감사한 마음을 가지고 가르침을 주신 스승님 덕분입니다.
　"선생님, 정말 고맙습니다."

　기쁠 때나 슬플 때나 일상의 작은 순간 속에서도 글쓰기는 저에게 커다란 위안이 되었습니다. 무작정 글을 쓰는 것만으로도 행복했던 시간이었고, 글 속에서 차분해지며 무더운 여름날 산들바람이 볼을 스치듯 상쾌함을 느꼈습니다. 글은 저에게 평온함을 주었고, 그 속에서 모든 거친 감정들을 내려놓는 치유의 시간이었습니다. 연필 끝에서

여는 글

흐르는 글과 하나가 되는 느낌, 그것이 오늘의 저를 만들어 준 것 같습니다.

이제 저의 경험을 돌아보며, 과거 저처럼 차마 용기를 내지 못하는 분들이 계시다면, 그들에게 도전의 메시지를 전하고 싶습니다. 저는 고등학교 입학을 앞두고 몇 년 동안 망설였고, 남의 시선에 너무 많은 신경을 썼던 시간이 있었습니다. 하지만 그때 그 망설임을 떨쳐내고, 결국 배움에 대한 갈망을 따라 원서를 제출하고 입학했을 때, 모두가 같은 마음으로 배우고자 했습니다. 자존심을 내려놓고 남들의 시선을 의식하기보다는, 자신의 길을 가는 것이 얼마나 중요한지 이제는 절실히 깨닫게 되었습니다.

오늘도 제자들을 가르치기 위해 수고하시는 모든 선생님께 깊은 감사의 마음을 전합니다. 그리고 저와 같은 길을 걷고 있는 이들에게 힘과 용기를 보냅니다. 그동안 힘들게 이루어 온 경험을 앞으로도 잊지 않고, 그 소중함을 가슴에 새기겠습니다.

아이들과 저의 가족과 친구, 지인들께도 사랑한다는 말을 이 지면을 빌어 전합니다. 그간 지도편달 해주시고 본 시집을 감수를 해주신 문단의 스승이신, '샘문그룹'〈이정록〉회장님, 교수님께도 깊은 감사를 드립니다. 편집 및 출판 위원님들께도 감사드립니다.

가을날 곱게 물들어가는 단풍 같은 글을 쓰겠습니다.
늘 감사합니다. '까르페디엠(carpe diem)'

2024년 11월 14일

詩人 **金明順** 드림

자연과 물아일체의 초자아 발견의 이미지와 사유

강소이(시인, 문학평론가)

1. 들어가는 글

어느 시인의 시집을 읽더라도 그 시인의 삶의 여정과 가치관, 세계관 등이 역력히 드러나곤 한다.

일면식도 없는 김명순 시인의 시집 「사랑의 정원사」를 읽는 내내 포근한 미소가 떠올랐다. 시가 난해하거나 어렵지 않아서 가독성(可讀性)이 높은 게 특징이다. 시집 전체의 흐름은 일상적인 소재를 다루고 있는 듯하지만, 깊이 있게 보면 김명순 시인의 시는 남다른 독특한 시 세계를 보이고 있다. 김명순 시인의 시세계를 간략하게 열거하면 다음과 같다.

1) 외로움과 방황을 극복하고 초자아를 발견하며 희열을 읊은 시편들
2) 사유와 철학성이 깊은 시편들
3) 은유(metaphor)의 연결을 보인 시편과 이미지의 시편들
4) 자연과 합일 - 물아일체를 보인 시편들
5) 부모님과 고향을 그리워하는 향수를 읊은 시편들

위의 특징들의 면면을 살펴보도록 하겠다.

평 설

2. 시편 들여다보기

1) 외로움과 방황을 극복하고 초자아를 발견하며 희열을 읊은 시편들

김명순 시인은 〈외로움〉이란 시에서 적막감과 고독을 읊었다.

"별빛 달빛만이/ 반짝이는/ 고요한 적막감… 나는 그중 한 점이 되어/ … 짙푸른 새벽에 도취 된/ 관객이어라"라고 했다.

〈방황〉에서는 "텅 빈 주차장이/ 모두가 떠났음을 말해 주네요"라고 했다. 모두 떠나 텅 빈 상황을 말한다. "정 많던 사람들은 오간 데 없고/ 나만 덩그러니/ 서성거리다가/ 가을바람에 구르는 낙엽에 눈물이 나고/ 가슴이 아려옵니다" 이 구절을 보면, 화자는 혼자 덩그러니 남아 서성거리게 된다. 정 많던 사람들은 모두 떠난 상황이다. 구르는 낙엽에도 눈물이 나고 가슴이 아리다. 해서 "어디로 가야 할지를 일러 주지도 않은 채/ 그 자리만 수없이 맴돈다// 길은 있으나/ 나의 길은 어디인지/ 갈 곳을 몰라 서성입니다"라고 했다. 어디로 가야 할지 방황하고 있는 화자의 상황을 직설적으로 표현하고 있다.

인간은 누구나 방황을 한다. 한가지 비전과 목표를 갖고 돌진하는 일은 그리 쉽지 않은 일이며, 그런 사람들은 흔하지 않다. 이 시의 화자로 보이는 시인 역시 방황하고 있다. 외로움, 적막감, 방황 끝에 〈초자아〉라는 시를 통해 보면, 시인은 마침내 길을 찾은 것으로 보인다.

〈초자아〉의 시에서 시인은 "터널이 되어버린 숲길로/ 나는 자아를 찾아 떠나기로 했다"라고 했다. 이 일은 엄청난 용기가 요구되는 일일 것이다. 평범하게 소일하며 지내

도 될 터인데, 화자는 자아를 찾아 떠나기로 한다. 그곳은 아무도 오지 않는 곳이다. "정적을 깨우는/ 아무도 오지 않는 곳에서//… 새가 되어 가고 있는 나를 보았다/ 그 숲에서 난,/ 성장하고 있는 나의 자아를 보았다/ 날개를 단 초자아를"이라고 했다. 그곳에서는 정적을 깨우는 한 쌍의 새만이 나뭇가지를 오간다. 화자는 새가 되어가는 "나"를 본다. 그 숲에서 자아가 성장하고, 날개를 단 초자아를 본다.

알을 깨고 나오지 못한 이와 알을 깨고 나와 날개를 다는 이가 있다. 아마도 화자는 아무도 가지 않을지도 모르는 숲(문학의 숲)에서 자신이 다시 태어나고, 시인으로 성장해가는 것을 보며 대견하고 자랑스러울 것이다. 김명순 시인이 문학의 숲으로 입장한 것을 축하드리며 그 행보에 응원의 박수를 보낸다. 문학이 주는 기쁨과 위로, 카타르시스, 아브락사스를 얻게 되길 기원하는 마음 간절하다. 다음 시는 〈샛별 소나타〉의 일부이다.

소설小雪 지나버린 계절
가슴 한구석 따뜻이 전해오는 작은 전율에
내 마음에 살 차오르는 벅찬 희열과
푸른 밤 서정곡으로 설레여라

- 〈샛별 소나타〉 일부

"가슴 한구석 따뜻이 전해오는 작은 전율"은 김명순 시인이 "문학도"로서 늦은 공부와 문학에 대한 열정으로 가슴이 설렌다는 뜻이리라.

누구에게나 시간은 공평하다. 시간은 공평하게 흐르게 마련이다. 누구나 무엇인가 바쁜 사정이 있어 삶의 질곡을 겪을 것이다. 그러다 보면 하고 싶은 일은 미뤄지기도 한다. 특히 우리 여성들의 삶은 자식들 뒷바라지로 본인의

평 설

성취는 뒷전이 되기 일쑤다. 그러나 뒤늦게라도 자신이 하고 싶은 일을 기필코 해내는 투지력이 있으니 화자의 삶은 '성공자의 반열에 있지 않은가' 하는 생각이다.

'나이도 먹었는데 인제 와서 뭘 하겠어?'라고 포기하지 않고 몰두하고 정진할 "푸른 밤의 서정곡"이 있어서 화자는 행복한 사람이다. 그래서 "새벽녘 커튼을 젖히고 샛별처럼 반짝이는 가로등 불빛들의 영롱함을 인식할 수 있는 것이다. 가로등이 있는지도 신경 쓰지 못하고 사는 일반인들에게 가로등 불빛은 절대로 영롱하게 보이지 않기 때문이다.

자신의 미래에 희망을 품었기에 영롱해 보이는 것이리라.

2) 사유와 철학 성이 깊은 시

김명순 시인은 나이가 들어 남일고에 입학한 만학도이며, 늦깎이 문학도이다.

세월의 연륜이 쌓일수록 사유가 깊어지기 마련이다. 그런데 〈호수〉, 〈다 내 탓으로〉, 〈설백 천지백〉, 〈겨울나무〉, 〈가슴앓이 꽃〉을 보면, 시인의 삶의 태도와 사유를 엿볼 수 있다.

〈호수〉라는 시를 보면, 화자는 호수를 보면서 "평안해지면 정화되어 맑아지네", "편견과 실수로 상처를 주지 말라며/ 배려와 관용을 배우라 하네"라고 했다. 호수에서 정화, 맑음을 보고 있다. 또한 "배려와 관용"을 배운다. 호수는 화자의 스승이다.

성내지 않는 잔잔한 호수가 되어 보라고
하늘바라기 호수는
무끄럽지 않은 겸손한 기품을

배우며 살아보라고
늘 한결같은 마음으로
자연의 섭리에 순응하며 살아보라고 하네

  - 〈호수〉 일부

위의 구절에서도 호수는 화자(시인)에게 스승이다. "성내지 않음", "겸손한 기품", "자연의 섭리에 순응"을 가르치고 있다. 이 시를 읽으면, 김 시인의 인생관과 삶의 태도를 엿볼 수 있다. 이미지의 형상화가 거의 없는 시다. 관념어와 한자어도 여럿 보이는 관념시다. 그러나 이 시를 읽으면 호수의 잔잔한 모습과 평온함이 느껴지며 호수와 같은 김명순 시인 겸손한 인품이 짐작된다. 고요해지며 맑아지는 느낌의 시이며, 시인의 삶의 태도와 기품을 알 수 있게 하는 시라고 하겠다.

다음 시 〈다 내 탓으로〉라는 시는 김 시인의 겸허한 삶의 태도를 직설적으로 보여주는 시라고 하겠다. 시의 전체적인 주된 정서가 가톨릭적이다.

가슴 저리게 아파져 오는 건
너무나 작은 나 때문이더라

모두가 내 탓이라
내 탓이라

내가 아파서 우는 것도
내 탓이라
작은 내 탓이라

  - 〈다 내 탓으로〉 일부

세상에서 일어나는 것을 남의 탓으로 돌리면 원망과 한恨

평 설

이 맺히기 마련이다. 그런데, 이 시에서처럼 "모두가 내 탓이라/ 내 탓이라// 내가 아파서 우는 것도/ 내 탓이라/ 작은 내 탓이라"고 했다. 자신의 탓으로 여기면 자신이 겸손해진다. 남을 원망하지 않게 된다. 겸허한 마음으로 자신을 성찰하고 반성하게 된다.

가톨릭 미사 시간에 교인들은 자신의 작은 죄까지도 반성하면서 가슴을 세 번 치며 "내 탓이요. 내 탓이요. 내 큰 탓이로소이다"라고 읊는다. 통회하며 신 앞에 사죄하며 신의 자비를 구한다. 이 시를 읽으니 마음이 겸허해지는 느낌이 든다.

김 시인 시의 사유와 철학 성의 깊이는 〈겨울나무〉와 〈가슴앓이 꽃〉에서도 잘 드러난다. 〈겨울나무〉에서는 끝 연에서 "아아! 나는 언제쯤/ 가진 것 다 내어주는/ 너를 따라갈 수 있을까?"라고 읊고 있다. 1년 내내 인간에게 아낌없이 주기만 해 온 나무가 겨울을 맞이해서도 "밤새 하얗게/ 가지가지 꽃눈이 내려앉은 자리/ 시리도록 아름답다"라고 사유해내며 겨울까지도 꽃눈의 아름다움으로 인간에게 카타르시스(정서순화)를 내주고 싶어한다. 겨울나무처럼 가진 것 다 내어주는 겨울나무를 따라가고 싶은 열망을 보인다. 불교에서 말하는 보시報施를 베풀며 살고 싶은 것이다. 기독교적인 세계관으로 본다면 빛과 소금의 사명을 다하고 싶은 것일 게다. 그리고 〈가슴앓이 꽃〉에서는 "마지막 처절한 흙꽃으로 피었다가 지는 날 원소로 돌아가리라"고 했다. 이 시의 전체적인 내용의 흐름으로 보아, 김 시인은 늘 모멘트 모리(Memento Mori)를 생각하며 사는 것 같다. "모멘트 모리"는 인간은 언젠가는 죽는다는 사실과 늘 죽음을 기억하라는 뜻의 라틴어이다. "흙꽃", "원소로 돌아가는 삶"을 생각하고 사는 삶에 대한 깊은 통찰력을 볼 수 있다. "너희는 흙에서 왔으니 너희는 흙으로 돌아가리라"라는 성경의 세계관을 보이는 깊이 있는 시라고 하겠다.

3) 은유(metaphor)의 연결을 보인 시편과 이미지의 시편들

〈노을 사랑〉, 〈들꽃〉, 〈동지冬至〉, 〈서리〉는 메타포가 훌륭한 시들이다.

〈노을 사랑〉에서는 주홍빛 해가 나뭇가지에 대롱대롱 매달린 모습을 본다. 멀리 지던 해가 나뭇가지에 매달린 것으로 보인 것일 것이다. 그런데 그것을 보며, 김 시인은 "수줍어라/ 나뭇가지 사이로/ 빨갛게 잘 익은/ 감이 열렸다"고 표현하고 있다. "주홍빛 해 = 잘 익은 주홍빛 감"인 것이다. 훌륭한 은유적인 표현이다. 〈들꽃〉에서도 "이리저리 피어나/ 손때 묻지 않은 너"인 들꽃 "고운 보랏빛 별이여/ 이름 모를 꽃이여"라고 했다. 이름 모를 들꽃의 색깔이 보랏빛이었나 보다. 그 "보라 꽃 = 보랏빛 별"로 메타포로 연결하고 있다.

〈동지冬至〉라는 시는 어린 시절에 엄니가 동짓날 팥죽을 끓여주시던 추억 – 유년시절에 대한 회귀본능과 함께 훌륭한 메타포의 시라고 하겠다.

"끓어오르는 가마솥은 백두 천지요/ 긴 나무 주걱은 백두 주목이라" 팥죽이 펄펄 끓어오른 가마솥이 매우 컸었나 보다. 어린 눈으로 본 커다란 가마솥이 백두산 천지처럼 넓었다고 기억하고 있다. 따라서 "가마솥 = 백두천지"이고 "나무 주걱 = 백두 주목"이라는 은유로써 독창적인 발상이라고 하겠다.

그리고 이 시의 백미는 다음 구절이다.

평 설

　　동지섣달 싸늘한 항아리
　　손에 쩍쩍 달라붙는 엄동설한

　　세상 뒤꼍에 내놓은 팥죽 옹기
　　칼바람 막아주는 누옥 사랑방에서
　　묵객들 허기에 동이 난다

　　　　　　　　- 〈동지〉 일부

　팥죽은 아궁이 위 가마솥에서 세상 바깥으로 내놓였다. 옹기에 담긴 팥죽은 누옥 사랑방에서 묵객들의 허기를 달래며 동이 난다. 표현이 훌륭하다. 시골의 넉넉한 인심을 엿볼 수 있는 훈훈한 시이다. 이 작품은 은유의 훌륭한 표현 기법으로 그려낸 수작秀作이다.
　시 쓰기의 기법 중에 메타포(metaphor-은유)적 연결은 매우 고도의 고급스러운 표현법이다. 또한 시각적, 청각적, 후각, 미각, 촉각적 심상으로 더 나아가 공감각적 심상은 시를 표현해내는 것이 시 쓰기의 고급진 표현이다.
　〈서리〉 시는 위의 조건을 모두 충족시키는 매우 우수한 시이다. 이 시도 어머니가 쑥버무리를 해주시던 어린 시절을 추억하며 유년시절에 대한 회귀본능을 보여주는 시이다. 잔잔한 풍경화를 보는 듯한 느낌이다. 모정母情에 대한 그리움까지 묻어있는 정감 있는 시라고 하겠다.
　풀밭에 내린 서리를 보고, 시인은 어머니가 해주시던 쑥버무리를 연상해낸다. 서리 내린 풀밭 = 쑥버무리로 연결하고 있다. 이 또한 훌륭한 메타포(은유)다.
　서리 밭은 은빛으로 반짝인다. 한 폭의 수채화를 보는 듯한 시각적(회화적) 심상으로 형상화해내고 있다.

　이미지의 형상화가 우수한 작품은 〈여름 바다 이야기〉, 〈실화〉, 〈잎새의 노래〉 등이다.

〈여름 바다 이야기〉는 "황금빛 햇살", "춤을 추고", "금 빛 모래밭", "찬란한 빛줄기", "매끄러운 물결", "하얀 구름길", "물보라" 등의 시각적 이미지의 형상화가 우수하다. "물빛 선율", "아프페지오 연주", "휘파람 소리" 등은 청각적 이미지의 형상화가 눈에 띄인다.

〈설화〉는 시 전체가 하얀색 이미지다. 설꽃雪花, 하얀 낮달, 하얀 들판, 눈 속에 먹이 찾아 드는 새떼들, 고목 나무, 눈보라 등의 겨울 풍경은 흰색 이미지의 잔치를 보이고 있다.

〈잎새의 노래〉에서도 "파아란 하늘"의 파란색 시각적 이미지, 잎새의 시각적 이미지를 보인다.

위에서 잠시 언급한 것처럼, 김명순 시인의 시는 다소 관념적이고 일상적인 면모를 보이기도 하지만 이미지의 형상화에 성공한 시편들도 여럿이다.

4) 자연과의 합일 – 물아일체를 보인 시편들

〈동백이 인생이〉에서는 한때 사랑했던 친구와 결별한 후 단절의 고통을 읊은 시이다. "뚝뚝 낙화하는/ 붉은 동백이 내 마음인 양/ 핏빛 물든 사연 낭자하다"는 표현을 보면, 친구를 잃은 화자 자신의 마음과 붉은 동백의 핏빛 묻는 사연과 일체를 보이고 있다. 동백(사물)과 자신(我)을 일체시키고 있다. 동백꽃이 모가지째 뚝 떨어져서 바닥이 붉은 색으로 물든 것과 자신의 아픔이 핏빛임이 일치한다고 본 것이다. 비애미가 그려진 작품이다. 물아일체物我一體는 시인의 처지와 자연물과 합일을 이루는 정서적 몰입의 경지를 말한다. 김명순 시인의 시적 몰입을 엿볼 수 있는 시이다.

〈서녘 노을〉은 이 시집의 여러 돋보이는 작품들, 백미白眉 중 하나이다. 이 시에서도 "그대 심상에 물들어 버린

/ 내 마음이 고와 보이지 않으신가요?"라며 저녁 노을과 물아일체를 보인 자신을 직접적으로 묘사하고 있다. 또한 "온 산하에 그대가 내려앉으니"라고 했다. 노을을 "그대" 라고 칭한다. 자연을 의인화하는 자연 친화적 발상이다. 또한, 재미있는 것은 "날 보고 싶어 산마루터기에서/ 잠시 머물다 가시는 당신이 아름답습니다"라고 했다. 산 마루터기에 머물러 있는 노을을 보며, 화자(시인)를 보고 싶어 산마루터기에서 잠시 머물다 간다고 했다. 저 멀리에 있는, 자신과 아무 상관도 없는 자연 현상을 끌어어 "날 보고 싶어 산마루터기에서 잠시 머무는 노을"로 자신과 연관 지어 무정물無情物을 유정화有情化한다.

노을을 바라보면 하루해가 지는 장렬한 시간의 파노라마를 강렬하게 느끼게 된다. 붉은 듯, 노란빛과 주홍빛이 구름에 언뜻언뜻 가려지면서, 태양은 일몰의 위용을 떨친다. 밝은 해로 하늘에 떠서 온 세상을 비추던 위풍당당했던 위세. 태양은 지면서도 찬란하게 하늘을 장식하는 것이다. 이 시에서도 화자는 노을을 인격화한다.

5) 부모님과 고향을 그리워하는 향수를 읊은 시편들

이 시집에는 어머니와 고향 이야기가 여러 편에서 읽힌다. 위에서 언급했던 유년시절에 대한 회귀본능과 그리움을 그린 시편들 외에도 〈소천〉, 〈소쩍새 울던 봄〉을 별도로 언급하도록 하겠다. 〈소천〉은 부모님께서 소천하던 상황을 시로 읊었다. 마음 아프고 슬픈 상황이지만, 세상을 이별하는 순간에 자식들 이름 한 번 더 불러보고 얼굴 한 번 더 보고 싶어 하는 애잔함이 느껴지는 시이다.

〈소쩍새 울던 봄〉도 역시 애잔함이 묻어나는 시이지만, 어머니에 대한 그리움과 인생의 허망함과 시름, 세월의 무상함의 가라앉는 정서를 보인다. 그러나 소쩍새 울던 봄과 벚꽃의 화사한 봄밤의 시각적 이미지가 또한 양립하고 있어서 이 시는 매력 있는 시다. "소쩍새 울던 그 날에도/ 이 봄은 있었건만/ 세월 훌쩍 뛰어넘은 오늘/ 소쩍새 울음소리는 들리지 아니하고, 쌩하니 지나는 차 소리만 요란하네"라고 했다. 오늘도 소쩍새 울던 그 봄날인데, 소쩍새 울음소리도 벚꽃도 어머니도 부재한다. 단지 차 소리만 요란하다.

   시간은 흐른다. 흐르는 시간을 아무도 잡을 수가 없다. 소쩍새 울던 그 날, 어머니는 그 새소리를 "소쩍새니라"고 이름을 붙여 알려주셨다. 큰 오라비, 어머니, 벚꽃 소쩍새는 화자의 유년시절의 한 장면이다. 공기 속에 스며든 벚꽃 향기, 소쩍새 소리는 화자의 기억 속에 각인된 그리움으로 가슴 속에 웅크리고 있다. 벚꽃 향기 불어오던 옛 시절, 어머니의 모습이 그리워 눈가엔 눈물이 글썽인다. 예민한 감수성이 그려지고 있으나, 이 시는 어린 시절과 가족의 정을 그리워하지만, 소쩍새도 벚꽃도 가까운 주변에서 찾아보기 힘든 현실이다. 소쩍새와 벚꽃을 보려면 시간을 내어 자연 속에 일부러 찾아가야 하는 게 요즘의 현실이다. 여의도 윤중로에 벚꽃이 유명하다. 도심 여기저기에서도 벚꽃을 심어놓은 걸 볼 수 있다. 그러나 김명순 시인이 보고 싶은 벚꽃은 어머니와 큰 오라버니와 함께 보았던 벚꽃일 것이다. 함께 들었던 소쩍새 소리가 그리운 것이다. 향수鄕愁가 느껴지는 훌륭한 수작秀作이라고 하겠다.

3. 나가는 글

   위에서 김명순 시인의 면면을 살펴보았다. 대부분 일상적인 소재를 시로 읊고 있다. 다른 시인들의 대부분의 처녀 시집에서도 보이는 양상이다. 김명순 시집 「사랑의 정원사」는 다음과 같은 특징으로 요약할 수 있음을 살펴보

앉다.
1) 외로움과 방황을 극복하고 초자아를 발견하며 희열을 읊은 시편들
2) 사유와 철학 성이 깊은 시편들
3) 은유(metaphor)의 연결을 보인 시편과 이미지의 시편들
4) 자연과 합일 - 물아일체를 보인 시편들
5) 부모님과 고향을 그리워하는 향수를 읊은 시편들

「사랑의 정원사」와 같은 훌륭한 시를 읽게 되어 기쁜 마음이다. 김명순 시인은 시에 관한 공부와 애정이 깊은 것으로 보인다. 이렇게 시를 다룰 줄 아는 예민한 감수성의 우수한 자질을 가진 시인의 시를 읽게 되어 기쁜 마음이다. 문학의 숲에서 초자아를 발견하였으니, 더욱 더 성장하고, 더욱 정진하여 문업文業을 쌓게 되길 바라는 마음 간절하다. 두 번째 세 번째… 시집을 내면 낼수록 시의 지평이 넓어질 것으로 보이는 자질 높은 시인의 평설을 쓰게 된 것으로 보인다. 초자아가 성장해 가시는 것을 기쁜 마음으로 지켜보고 싶다.

자연과 하나가 되어
그 속에서 삶을 살아가게 하는 시詩

- 김환생(시인, 수필가, 문학평론가)

김명순 시인의 시를 읽으면 마음이 차분해진다. 시인의 언어는 그냥 일상적인 언어들인데 읽으면 읽을수록 자연과 하나가 되어 그 속에서 내 삶을 어떻게 살아가야 하는가를 배운다. 저물어 가는 하늘빛은 어떤 빛일까? 그 하늘에 곱게 번지는 노을은 하루를 보내는 내 마음이다. 저물녘 내 마음은 어둡지 않고 노을처럼 고운 빛으로 하루를 마감한다.

저물어 가는 하늘빛/ 노을이 참 곱기도 하다
내 마음 같은 하늘빛/ 하늘빛이 내 마음이라
보고 또 보아도/ 아름다운 나의 하늘이시여!

- 〈하늘빛〉 전문 인용

시 '자화상'에서는 단풍과 한 몸이 되어 조용히 웃고 있는 시인을 본다. 시인의 모습이 이렇다. 김명순 시인은 여러 가지 이유 때문에 늦게 공부를 시작했다. 그렇게 공부를 하면서도 항상 상냥하고 쾌활하며 재치가 있다. 시인은 누구에게나 다정한 웃음으로 먼저 다가가 자기 자신을 드러낸다. 자기를 숨기지 않고 드러내면서 상대방을 포용하고 감싸준다. 그러면서도 무엇 하나 놓치지 않고 자기 것으로 만들지만, 필요에 따라 다른 사람들과 공유할 줄 안다. 그런 시선을 가지고 있기에 이런 표현이 가능하다.

서 문

가을걷이 끝난 들녘
단풍 곱게 물든 나무 아래
살며시 비집고 자리해 본다

있는 듯, 없는 듯,
수줍은 듯, 멋쩍은 웃음
멋쩍은 몸짓으로
카메라 반사 찰칵,

저 먼 뒤안길
풋풋했던 청춘이었더라면
이래도 저래도
달빛 그리듯 어여쁘겠지만

오십도 훌쩍 넘긴 후반 길에
기능 좋은 사진기가 있다 한들
그 나이 어디로 갈까만

그래도 여심인지라
곡선 어여쁜
아낙이고 싶어라

― 〈자화상〉 전문 인용

 김명순 시인은 정읍에 있는 남일고등학교를 다녔다. 일반계 고등학교에서 정년 퇴임한 필자가 그 학교에서 학생들을 지도하던 어느 날, 한 학생으로부터 '시를 배우고 싶다.'는 문자를 받았다. 나는 그 학생을 불러 상담을 했다. 겸손하고 순종적인 그 학생의 단정한 태도가 내 마음을 움직였다. 그렇게 시를 배우기 시작한 김명순 학생의 문학적 재능은 참으로 남달랐다. 무엇보다 시상詩想이 참신하고 표현이 자유로웠다. 깊은 성찰을 통해 자신을 비우고, 그렇게 바라본 사물을 따뜻하게 안아주는 시선視線이 항상 곱게 보였다.

날마다 마주하는 우리들
가랑잎 굴러가는 것만 보아도/
까르르 웃는 우리들은 초로初老의 고딩들이죠
시선 하나 몸짓 하나에도 함께 웃어 주고/
격려와 응원으로 서로가 헤아려 주며 행복해하지요
고3, 가슴이 벅차오릅니다/ 왠지 어깨도 으쓱합니다/
대견스럽기도 합니다
우리 반 친구님들 축하해요/ 고3 되신 거요.
토닥토닥 존경합니다/ 우리 언니들과 오라버니
그리고 늘 호탕한 웃음으로 이끌어 주시는 담임선생님
늘 학생들을 위해 애쓰시는 남일의 모든 선생님!
정말 고맙습니다/ 존경합니다/ 사랑합니다/
언제까지나 늘 건강하세요

　　　- 〈**행복했던 고3**〉 전문 인용

　고향은 어떤 곳인가? 우리들의 고향은 어디인가? 고향에 가고 싶지 않은가? 김명순 시인의 시를 읽으며 고향을 생각해본다. 시인은 고향에 대해 그의 시 '고향'에서 이렇게 말하고 있다.

가고 싶다 내 고향
낯선 객지에서 살아오면서/
스스로를 위로했다/
제2의 고향이라고
늘 숨겨져 있던 마음/ 가슴 울리는 뭉클함/ 내 고향
부모님이 보고 싶어지고/
어릴 적 추억들이 모락모락 연기처럼 피어오를 때
힘이 들고 외로울 때/ 향수는 고향을 향해 달린다
세월만큼이나 하얘진 머리칼을 쓰다듬으며/
아련한 추억으로 그리움을 삭혀본다

　　　- 〈**내 고향**〉 전문 인용

　고향이 그립지 않은 사람이 있겠는가? 그 고향이란 어

서 문

떠한 곳인가? 고향을 떠나있는 사람이라면 누구나 내가 태어나고, 내가 자란, 내 어린 시절의 코흘리개 친구들이 있는 곳, 내 유년의 기억이 서려 있는 곳, 내 어머니가 계신 곳이 그립다. 어머니의 품 안이 그리워진다. 그가 만일 외국에 나가 있다면 내 조국이 그립다. 내 조국이 나의 고향이다. 고향은 바로 그런 곳이다.

양로원을 방문한 일이 있었다. 거기에 있는 어르신들께서 처음에는 나를 쳐다보지도 않으셨다. 담담한 표정이 아니라 아예 무관심하셨다. 1급 심리상담사인 내가 어떻게 어떻게, 참 어렵게 그 어르신들과 말할 수 있는 기회를 얻었다. '저에게 하시고 싶은 말씀이 없으시냐?'라고 했더니 한 분이 더듬더듬 말씀을 하셨다.

'손주들이 보고 싶어요. 아들딸이 보고 싶어요.'라고 말씀하시고 입술을 다무셨다.
'다른 말씀은 없으셔요?'라고 여쭀더니 다른 분이 나를 한참 물끄러미 바라보시다가 말씀하셨다.
'고향에 가고 싶어요.'라고 말씀하시자 모두들 그 말씀에 눈물을 흘리고 계셨다.
서투른 입술로 그렇게 말씀하시는 어르신들은 넋을 놓은 분들이 아니셨다. 복잡한 일을 못 하시는지 몰라도 단순한 말씀만을 겨우 하시는 어르신들은 알고 보니 치매환자라고 볼 수 없었다.

그런 일이 있고 난 어느 날 나는 문득, 그분들이 말씀하신 고향에 가고 싶다는 말씀이 어머니를 보고 싶다는 말씀이셨구나를 알고 돌아가신 내 어머니 생각에 한동안 멍하니 앉아 있었던 일이 있었다. '나의 고향이 바로 나의 어머니였구나!'를 요양원에 내던져진 어르신들을 통해서 비로소 알게 되었다. 그 말을 여러 문인과 만나 말하며 모두가 깊은 상념으로 요양원을 생각해 본 일이 있다.

  김명순 시인의 고향은 경북 '안동'이다. 안동을 떠나 객지인 '전주'에서 거의 평생을 살면서 세상살이가 쉽기만 했을까? 때로 삶이 힘들고 외롭고 아플 때 얼마나 고향이 그리웠겠는가. 시인의 시를 읽으면 누구라도 고향이 그리워질 것이다. 나는 이 한 편의 시를 읽으며 '이 한 편의 시 속에 김명순 시인의 모든 것이 다 들어있다고 말하고 싶다. 시인은 이렇게 일상적인 언어로 우리를 감동시켜 많은 생각들을 하게 한다.

  김명순 시인을 지도한 선생으로서 시인의 탁월한 시적 재능을 아낀다. 누가 읽더라도 김명순 시인의 시를 읽으면 일상적인 언어의 사용에 호감을 느끼며 시상詩想에 공감을 일으키며 시인의 시詩 세계로 깊이 빠져들어 갈 것이다.

  김명순 시집에 상재한 모든 시들이 우수한 시이지만 그 가운데 몇 편을 골라 서문에 인용하였다. 두서없는 글이지만 시인의 앞날의 응원이 되었으면 마음이다. 시인의 문운이 창대하기를 기원하며 순수를 잃고 사는 세상의 독자들에게 일독을 권한다.

샘문서선 1061

한국문학상 수상 기념시집

사랑의 정원사

김명순 감성시집

여는 글 / 4
자연과 물아일체의 초자아 발견의 이미지와 사유 / 6
자연과 하나가 되어 그 속에서 삶을 살아가게 하는 시 / 18

제1부 : 까르페디엠

2월의 꿈 / 30
가슴앓이 꽃 / 31
가을 소나타 / 32
미친 가을 사랑 / 33
겨울나무 / 34
새벽기도 / 35
고갯길 / 36
내 고향 / 38
그리움 / 40
임 그림자 / 41
그저 마냥 웃지요 / 42
까르페디엠 / 43
금산사 찜질방 / 44
탈옥수 / 46
꽃길만 걸어요 / 47
자화상 / 48

제2부 : 동백이 인생이

낙엽이 가는 길 / 50
노을 사랑 / 51
행복했던 고3 / 52
설화雪花 / 54
설백 천지백 / 55
늦가을 단풍길 / 56
당신은 / 57
도라지 꽃차 / 58
동백의 기도 / 59
동백이 인생이 / 60
동지冬至 / 62
들꽃 / 63
딸바보 / 64
만월가滿月歌 / 65
만추 연가 / 66
무의식증無意識症 / 68
물수제비 / 69
물새 / 70

제3부 : 사랑이란 명제로

잎새의 노래 / 72
여름 바다 이야기 / 73
이별가 / 74
만학도의 봄 / 75
영롱한 봄노래 / 76
장미 / 77
봉숭아 연정 / 78
비움의 진리 / 80
방황 / 81
외로움 / 82
사랑의 정원사 / 83
옛사랑 / 84
사랑이란 명제로 / 86
다 내 탓으로 / 88
사랑의 방식 / 89
상실의 시대 / 90
바람결 / 91
생로병사 / 93
설레임 / 94

제4부 : 소소한 것들에 대하여

지구별 생태계 / 96
서리 / 97
아, 세월아 / 98
세월호 / 100
억새 무희 / 101
소천召天 / 102
소소한 것들에 대하여 / 104
청송靑松 / 105
솔 향기 피는 밤 / 106
순리順理 / 108
씨앗의 전설 / 109
아픈 사랑 / 110
여명을 기다리며 / 111
꿈꾸는 씨앗 / 112
애哀 / 114
고독한 눈물 / 115
여름 산 / 116
열매 / 117
오래 묵은 사랑 / 118

제5부 : 샛별 소나타

꽃잎에 새겨 본 사연 / 120
새벽 나그네 / 121
이별 / 122
저녁노을 / 123
입춘대길入春大吉 / 124
초자아 / 126
욕망 / 127
첫눈 / 128
초승달 / 129
향기로운 친구 / 130
샛별 소나타 / 131
풍경화 / 132
소나기 / 133
하늘빛 / 135
어머니 / 136
소쩍새 울던 봄 / 138
호수 / 139
화병 / 140
회상回想 / 141

제 1 부

까르페디엠

2월의 꿈

입춘이 지나기라도 한 듯
포근한 날들

빼꼼이 문을 열어젖힌 봄기운
여기저기 팝콘 같은
꿈들이 곧 터질 것처럼
나무 움들이 생동감이 흐른다

온 세상이
온 우주가
초록 꿈으로 치장하고
우리도 봄 꿈 닮은
마음 착한 초록 꿈나무라면
지상에는 평화로운 새 물결로
고운 날들만 있으련만

그대 2월이여!
더없이
희망을 꿈꾸는 날들만 되소서!

가슴앓이 꽃

가을은 짙어져 가고
여인은 몸살을 앓고 있다

아무도 관심 없는 가슴앓이로
지쳐 버린 몸과 마음으로
슬픔은 검붉은 상처로 익어
늦가을 홍시보다 더 붉다

아파도 슬퍼도
혼자 앓아야 할 뿐
의지할 곳도
지켜줄 이도 없으니 더 슬프다

어차피 홀로 가는 길이다
그대들의 충실한 걱정은 거기까지 하라

마지막 처절한 흙꽃으로 피었다가
지는 날 원소로 돌아가리라

가을 소나타

괜스레 술 한 잔 기울여 보고 싶어지는 계절
가을입니다
낙엽이 뚝뚝……
떨어질 무렵이면

난 가을 사랑에 가슴앓이하고
아려오는 가슴을
어찌할 바 몰라 먼 산 단풍 바라보며
사랑한다고 좋아한다고 소리도 지르고
한없이 끝없이 가보고 싶어지기도 합니다

휘청거려도 보고 싶고
미친 척 해보고도 싶지만
그리하면 아니 되는 것을 아는 나의 자아가
그저 침묵 속에서
울게 만들 뿐입니다

파아란 하늘만큼
눈물겹도록 시리고 아픈 나의 계절입니다
계절을 핑계로 못다 부른 이름들을 되뇌며
낙엽의 부피만큼 쌓이는 그리움에
활활 불을 살라봅니다

미친 가을 사랑

노오란 은행잎
쏟아지는 길가에서

가을은 내 영혼을 울리는
뜨거운 사랑이었구나
나도 모르게
가슴을 적시는 절규다
아아!

우수수 쏟아져 내리는 하엽은
내가 이 가을의 주인인 듯
순수와 열정의 감성으로
온몸을 물들여 간다

바람, 구름,
그리고 활활 타올랐다가 지는 잎새,
그 뒤를 잇는 고요한 풍경

찬사와 절규로 가슴앓이 하는 나에게
너는 잔혹하고 아름다운 여운이구나
눈물 나는 계절이여
사랑이여!

겨울나무

다 내어준 채
이파리 하나 갖지 아니하고
꼿꼿이 선 그대

밤새 하얗게
가지가지 꽃눈이 내려앉은 자리
시리도록 아름답구나

헐렁헐렁 내려놓은 그대의 모습
송이송이 쌓인 눈밭 속에서
그대는 내게 또 무엇을
내어 줄까 생각하고 있는가

다 내어주고
이제 가진 것 하나 없는 그대
곧은 자태로
마음까지 내어주고 있구나

아아! 나는 언제쯤
가진 것 다 내어주는
너를 따라갈 수 있을까

새벽기도

붉은 여명을 바라보며 기도합니다
사는 동안 하루하루가
무탈하기를 기도합니다

마음에 담아 둔 일기처럼 일상이
고운 시간으로 채워지고
잠드는 순간까지
고운 모습이고 싶습니다

내일의 태양이 또 떠오르면
새 태양 속에서 열심히 곱게 살다가
달님이 스러지는 순간끼지
또 고운 하루를
맞이하고 보내고 싶습니다

곱게 웃으며
미소 짓는 모습으로 살다가
서산의 해 질 녘
노을처럼 그렇게 살다
소리 없이 스미길 소망합니다

고갯길

숨이 턱에 차올라서
심장이 벌떡거릴지라도
이까짓 험난한 산등성이쯤이야
열두 고개도 더 넘을 수도 있다

마음속 험준한 고갯길 넘는 일은
숨이 끊어지는 고통의
몇 곱절을 치러도 힘든 일

쓰린 진물 흘러내려 회한되고
고갯마루 머리 드민
돌비석 물기 마를 날 없어라

사람아, 사람아, 어리석은 사람아
마음 고개 열고
닫음의 짐을 내어놓는 일이
어디 그리 쉽더냐!

먼 길 돌아
설은 시간 왜 돌아보았던가?
차라리 산등성이 고갯마루 험난할지라도
마음만은 편했건만
석 자 이름 찾음이 뭐 그리 대수인가

고개, 또 고개 마음의 고개
넘어가는 길
가시밭길보다 더 힘들어라

내 탓이요
내 복이요
이 고갯길 넘는 일
천명이리라

내 고향

가고 싶습니다
내 고향,

낯선 객지에서 살아오면서
스스로 위로했습니다
제2의 고향이라고.

늘 숨겨져 있던 마음
가슴 울리는 뭉클함
내 고향,

부모님이 보고 싶어지고
어릴 적 추억들이
모락모락 연기처럼 피어오를 때
힘이 들고 외로울 때
향수는 고향을 향해 날아갑니다

세월만큼이나
하얘진 머리칼을 쓸어내리며
아련한 추억으로
그리움을 삭혀봅니다

이제나 저제나
언제쯤 가려나
그리운 내 고향으로

그리움

달빛 머금은
백설白雪은
대낮인 듯
온 누리를 비추어 주고

꿈길에라도
내 님
순백의 길 따라
오시려나

오매불망寤寐不忘
기다려지는 마음

임 그림자

내 곁에
영원히 머물러 줄 듯
영원을 언약했었지

축복 속에 웨딩마치는
언제부터인가
눈물의 소야곡이 되어
내 귓전을
맴돌다, 떠돌다 사라지고……

굳은 옛 맹세는
어둠 속
그림자가 되었구나

그저 마냥 웃지요

늘 웃고
마음을 열고
화답하고
사랑하고

그래서
행복할 것입니다

웃을 수 있어 행복한 시간들
더 크게 미소 짓고

더 많이
웃어 보이렵니다

그저
마냥 웃지요!

까르페디엠

나는 할 수 있어!
지금 이순간을 즐기자
긍정의 마음이 최고의 약

최선을 다하고
인정하고 매사에 감사할 줄 알고
나를 사랑하자

현재는 곧 과거로 흘러가고
미래는 아직 그저 꿈일 뿐

예측할 수 없는 내일보다는
지금, 이 순간을
온전히 살아가자

금산사 찜질방

금산사 찜질방이다
들어온 지 몇 시간……

불 빼는 날
장작 타는 소리
문밖에는 빗소리가
음악처럼 흘러내린다

사람도 오랜 지기가 좋다더니
벅스에서 꺼내
들어본 옛 음악들

역시 사람만큼이나 음악도 옛 정이 있다

그 시절 멜로디가
잔잔히 마음에 스며든다.
마치
내 몸에 꼭 맞는 옷을 걸친 듯
편안하게
천천히 다가온다

비 오는 날
딱이지 않은가
포근하고, 따뜻하고…
독소도 빠지고…

탈옥수

한 줄기 희망도 없을 것 같던
깊은 시름을 깨고
쨍하고 해가 뜬다

40여 년의 깊은 수렁 속에서
뒤늦게 깨어난 성체가
껍질을 벗어 던지고
희열의 띠를 두르며
만세, 만만세를 부르짖는다

세상사 누가 아나요
잘났다 으스대지 말고
못났다 기죽지 마요
인생사 다 새옹지마 아닌가요?

중년의 나이에
만학도 되고
시인이 되어
만인들 앞에서 시 낭송을 하며
스스로 껍질 벗은 성체
날아오르네

꽃길만 걸어요

따사로운 봄빛에
사방 천지
꽃들이 셀 수 없이 피고

꽃들 속에 내가 들어가니
열광의 환희가 번진다.

끝없는 꽃길
꽃잎만 흐드러지게 핀
꽃 터널 속,

하얗게 날려 내려앉은 꽃잎들
그 위로
우리 꽃길만 걸어요

자화상

가을걷이 끝난 들녘
단풍 곱게 물든 나무 아래
살며시 비집고 자리해 본다

있는 듯, 없는 듯,
수줍은 듯, 멋쩍은 웃음
멋쩍은 몸짓으로
카메라 반사 찰칵,

저 먼 뒤안길
풋풋했던 청춘이었더라면
이래도 저래도
달빛 그리듯 어여쁘겠지만

오십도 훌쩍 넘긴 후반 길에
기능 좋은 사진기가 있다 한들
그 나이 어디로 갈까만

그래도 여심인지라
곡선 어여쁜
아낙이고 싶어라

제 2 부

동백이 인생이

낙엽이 가는 길

앙상한 가지
훌훌 털어버린 마음

바람에 쓸리고 밀리어 가다가
미련한 마음만 애달픈 정情
고스란히 남겨 두고
기약 없는 이별 길에 오릅니다

차곡차곡
그대 그늘에 쌓이고 싶지만
떠도는 유랑 신세라
그나마도 쉬이 아니 되니
기약조차 할 수 없는 이내 신세

바람 따라
구름 따라
정情만 오롯이 묻어 두고 떠나갑니다

노을 사랑

하늘 저만큼에서
곤두박질치듯
주홍빛 해가 떨어져
나뭇가지에 대롱대롱 매달린다

구불구불 가지 사이로
제 집인 양
쏘옥 들어가 앉는다

빨갛게 달군 가슴
봉긋이 디밀고

수줍어라
나뭇가지 사이로
빨갛게 잘 익은
감이 열렸다

행복했던 고3

날마다
마주하는 우리들

가랑잎 굴러가는 것만 보아도
까르르 웃는 우리들은 초로初老의 고딩들이죠

시선 하나
몸짓 하나에도
함께 웃어 주고
격려와 응원으로
서로가 헤아려 주며 행복해하지요

고3, 가슴이 벅차오릅니다
왠지 어깨도 으쓱합니다
대견스럽기도 합니다
우리 반 친구님들 축하해요
고3이 되신 거요

토닥토닥 존경합니다
우리 언니들과 오라버니
늘 호탕한 웃음 주시는 담임선생님
늘 학생을 위해 애쓰시는 남일의 모든 선생님!

정말 고맙습니다
존경합니다
사랑합니다
언제까지나 늘 건강하세요

설화雪花

앞산, 푸르른 솔잎들
멀리 뒷산 모악산
굽이굽이 골짜기에는
하얀 설화가 흐드러졌다

아마도 햇살이 구부러진 곳
설꽃이 지천에 널려있네

까맣게 밤낮 잃어버린 하얀 낮달
외로워라
생기조차 없어라

하얀 눈 내려앉은 들판
푸르르 철새 떼 장관을 이루고 날아드니
눈 속, 언 땅 먹이 찾아
주둥이 쪼아대는 새 떼들

그 풍경을 바라보는 고목나무
바람결에
눈보라만 휘날리는구나

설백 천지백
– 雪白 天地白

펑펑 눈이 내린다
달빛도 삼켜버리고
가로등도 없는 캄캄한 밤

눈이 시리도록 차가운 세상
눈시울이 붉어진다

바람결에 눈보라가
나를 에워싼다

끝도 없을 이 눈길을 밤새워 걸으며
세파에 할퀴어진
내 안의 상처들을

백설白雪로
하얗게 하얗게 덮고 싶다

늦가을 단풍길

활활 불놀이야!
온 누리 만추의 기쁨으로 술렁인다
이리 보아도 저리 보아도
붉은 해가 진 언저리

촤르르 윤기 감도는 갈홍빛 무리
단풍 가르는 소리 우수수 휘몰아치고
휘리릭 공중돌기 두서너 바퀴
이곳에서도 저곳에서도
넘실넘실 재주를 부리네

바람에 뒤엉키며
미끄러지고 나뒹굴고
가로수 아래 소르르 쌓여
소리 없이 절명하는 너의 이름
늦가을 단풍이여

아픔도 잠시인 양
이젠 안녕……
고운 넋 가고 나면
새잎, 새살 돋아나리라

당신은

말 꼬리표가 없는 당신
나를 탓하지도
나무라지도 않는 당신은
꼬리말이 없습니다

조금만 더
한마디만 더
덧붙여 준다면 좋을 것을
당신은 밑동 자르듯
꼬리표가 없네요

흔들림 없는 꼿꼿함에
이 아련한 아쉬움은 무엇일까요?
냉정한 것일까요?
정을 묻기가 싫어서일까요?
수없는 세월에 베인 연륜 탓일까요?

냉정은 차갑고
정은 무섭고
숫자에 베인 몸부림은
칼날처럼 날카로워서 서럽습니다

도라지 꽃차

꽃잎에 데인 상처
물빛마저 애잔하구나

내 코끝에 스민
깊고도 그윽한 그대의 향내
내 혀끝에 감도는 그대의 속살 내음

찻잔에서 피어오르는 그대 고백은
내 눈 추녀에 그윽이 매달리고

오롯이 빛깔과 향기만으로
영원한 사랑을 갈구하는 그대 고백에
공허했던 나는 빈 가슴 쓸어내리며
찻물로 적신 마음
고요히 위로가 되는구나

***
도라지꽃 꽃말 : 영원한 사랑

동백의 기도

뚝, 뚝
모가지 떨구며 내려앉은 채
핏빛보다 더 진한 선홍빛 꽃길
융단 깔았네

엄동설한 서릿발 같은 몸짓으로
피워 낸 순결

내 그리움 녹아내려
눈물 된 자리, 님 향한 기도

곱게 곱게 피고 진 자리
선홍빛 융단으로 길을 열고

사랑 소망 행복을 염원하오니
님이시여!
부디 모두 가져가소서

동백이 인생이

한때 사랑했던 친구가
등을 돌리고

깊어지는 시름과 괴로움
놓아보려 하여도
등 돌려 돌아보게 되는 마음

혹여나 무슨 일이 생긴 건 아닐까?
눈길을 헤치고 찾아가 보았지만
열리지 않는 빗장에 서글픈 마음

뚝뚝 낙화하는
붉은 동백이 내 마음인 양
핏빛 물든 사연 낭자하다

이도 저도 다 버리고
떠나갈 수 있다면 좋겠다
한 번 맺은 정을 좀처럼 끊어낼 수 없는
이 마음이 원망스럽다

애꿎은 동백 길엔
이정표도 없고
나는 한 길가
모가지 떨어진 네가 되었구나

아, 애달프구나
아파 떨구지 못하는 이 정은
언제쯤 핏물이 지려는가

이유도 모를 침묵과
옥죄여오는 거친 숨결은
죽음의 키스와도 같구나

나는 어찌하여 떨어지는
저 처절한
동백꽃이 되고 말았던가?

꽃길 활짝 열어젖히고
꽃길만 걷자던 그 맹세는
진즉에 목이 떨어져 버렸는데……

동지 冬至

동그란 양은 상에
하얀 눈보라가 흩뿌려지고
차곡차곡 쌓여 가는 월백月白의 새알들

누가 누가 더
예쁘게 잘 만드는지
손바닥 안에서 굴려 보는
달덩이 같은 새알심

끓어오르는 가마솥은 백두 천지요
긴 나무 주걱은 백두 주목이라
행여나 누를세라 분주해진 어머니의 손길

동지섣달 싸늘한 항아리
손에 쩍쩍 달라붙는 엄동설한

세상 뒤꼍에 내놓은 팥죽 옹기
칼바람 막아주는 누옥 사랑방에서
묵객들 허기에 동이 난다

들꽃

어머나 예뻐라!
고운 보랏빛 별이여
이름 모를 꽃이여

무심히 툭 내쳐진 듯
이리저리 피어나
손때 묻지 않은 너를
마음의 창에 살포시 가두어 보네

수수한 너의 차림새
은은한 이끌림에
나의 입술에 맞대어 보네

딸바보

사랑은 늘 곁에 있다
손 닿을 그 자리에
어김없이 서 있지만
언제나 늘 그립다

늘 목소리를 듣고
안부를 묻고
그래도 늘 보고 싶다

어머니도 그러하셨거늘
나이 들어감에
부모를 이해하고
어머니 모습으로 살아간다

언제나 늘 그리운 나의 딸
오늘도 안부를 묻고
길 조심, 차 조심
그리고 하나 더 사람 조심

먼 후일
나의 마음이 너의 모습이겠지?
사랑해요 딸

만월가 滿月歌

정다워라, 그 얼굴
앞장서네, 달빛 길
그대 위해 길 열어주는 만월

어느 귀퉁이 하나
뭉그러지지 않은
동그란 얼굴 곱기도 하여라

휘영청 밝은 환한 미소는
돌아서도 그 자리
또 그 자리에
정다워라 고마워라
밝디밝은 그대 얼굴

오늘 밤
외로움도 그리움도 다 접어두고
그대와 함께
숨바꼭질이나 해볼까나

만추 연가

괜스레 술 한 잔 기울여 보고 싶어지는
계절 가을입니다

낙엽이 뚝뚝 떨어질 무렵이면
내 가슴을 불사르는
그대 사랑에 가슴앓이하고
아려오는 심상은 어찌할 바 몰라
먼 산 붉게 타는 그대만 바라봅니다

사랑한다고, 좋아한다고
소리도 지르며 그대 만나러
한없이 끝없이 가보고 싶기도 합니다

휘청거려도 보고 싶고
미친 척 응석도 부리고 싶지만
그리하면 아니 되는 것을 아는
내 심상이 그저 침묵 속에서
울기만 할 뿐입니다

파아란 하늘만큼 눈물겹도록 시리고
아픈 계절,
그대는 나의 사랑입니다

그대를 핑계로
못 다 부른 이름들을 되뇌며
낙엽의 부피만큼 쌓이는 그리움에
활활 불을 살라봅니다

그리운 얼굴들이
불타는 그대 홍엽 속으로 지나갑니다

무의식중 無意識症

잠에서 깨어 눈을 뜹니다
기억의 문이 열린 순간
그대가 먼저 다가옵니다
깜짝 놀랐습니다

나의 기억 뇌리 속에
언제 이렇게 박혀 버렸는지
고요한 정적을 깨고 저만큼 달려오는
그대가 두렵습니다

나도 모르는
이 기억을 몰아내려 합니다
고개를 젓습니다, 늪이라고
그대는 모르는 내 기억의 늪,

오롯이 지워야 할 것을
되새기고 되새기면서
돌아갈 길을 찾습니다

아무리 세차게 바람이 불어도
흔들리는 건, 내가 아닙니다
그러므로 지우려 합니다.

물수제비

물 찬 수제비 띄워라
슝~ 슝~ 슝~
하나 둘 셋 넷 다섯 여섯…

둥글 납작 돌멩이에 새긴 부푼 기대
물길 위로
에잇~ 물제비처럼 날아라

무심한 옛 시간
빛바랜 기억
곤두박질 스르륵 퐁당,

거듭 날려 보지만
세월의 강물 삼켜버린 물수제비
퐁당퐁당 물장구

고운 기억 마음 모아 또 한 번
통, 통, 통, 통, 통~~~

빛바랜 오랜 기억 저편 강가로
친구들과 함께 띄워 보내던 물수제비
그 물수제비!

물새

산마을 아래 저수지
멀리 내 두 눈에 잠기는 것들
물결 위로 은빛 날개를
펼쳐 보이기도 하고

짝을 지어
포르르 날기도 하고
나비인 듯 낮은 비행으로
물결을 톡 치며
시치미를 떼곤 한다

잔잔한 물결에 어우러진
평화의 놀이는 시를 부르고
두 눈 화폭 속에 담아 보노라!

제 3 부

사랑이란 명제로

잎새의 노래

가을이 채 오기도 전에
잔가지에 바람 나들이 왔네

이리 흔들리고
저리 흔들리고
파아란 하늘 햇살 맞닿은 잎새에
고운 물빛 채 앉히기도 전에
포르르 포르르 떨어져 내리네

무심한 바람에 헌 잎새 되어
이리 구르고
저리 구르고
길가 주저앉은 앉은뱅이 되어
핑그르르 돌아앉네

가을은 이제 시작인데
바람 스쳐 간 텅 빈 가지는
무정한 바람 탓일까?
꼭 붙들고 놓지 못한 연민 탓일까?

여름 바다 이야기

황금빛 햇살이 수상스키를 탄다
파도 등에서 춤을 추고
아이들 웃음소리가 장단을 맞추고
펄펄 끓는 금빛 모래밭에서는
사랑 이야기는 모래찜을 한다

은빛 햇살 뿌려 놓은 물 위에는
눈부시게 찬란한 빛줄기가 내려앉아
물빛 선율 건반을 치고
아르페지오 연주가 흐르고
곰살맞은 햇살 넉살에 바다가 벙글어진다

나신보다 더 매끄러운 물결 위를 가르는
제트보트가 하얀 구름길을 날아오르고
물보라 사라지는 수평선 따라
선율도 아름다운 휘파람 소리 흩어진다

이별가

저만큼 나즈막한 산봉우리에
햇살 눈부시어라

어느 누구에겐
새 아침의 시작이건만
상여에 몸을 뉜 이, 뉘시던가?

고단했던 이승을 뒤로 하고
사랑하는 이들의 눈물을 뒤로한 채
어이 할꼬!

눈이 부시도록 아름다운 햇살 광채에
한 줄기 빛이 되시려나 보다

힘찬 날개깃
고이 포개어 접고 가시려니
눈물이 주르르……
부디 영면하소서!

만학도의 봄

봄바람 맞으며 들어선 교정
높은 입학식 단상은
기쁨과 기상과 기백으로 넘쳐흐르고
학사모로 위풍당당하여라

오랜만에 불러보는 애국가에
가슴이 뭉클하고
향학열에 불타는 의지
700여 명의 눈빛들이 반짝반짝

만학도인 우리들
이 자리 오기까지 갈구해야만 했던 갈증
시작종과 함께 그 한 이제서야
새색시 옷고름 풀어 헤치듯
설렘 반 기대 반 이여라

님들이시여!
열심히 공부하는 사이사이
마음껏 즐기기도 하며
우리의 대학생활을
햇살처럼 찬란하게 이어 나갑시다.

영롱한 봄노래

나뭇가지에
대롱대롱 맺힌 빗물
진주처럼 영롱하여라

햇살에 또르르 또르르
봄비 노닌 들풀 위에
푸른 하늘이 내려와 꽃길을 열면
산골짜기 발길마다 북적북적

이름을 모르는 뒷산
할미꽃 피어난 무덤에도
연록 빛 덩실거리네

장미

선율처럼 귓가를 간지럽히는 비에
어둠은 비처럼 쏟아진다

담장 밖, 붉게 단장한 여인아
매혹적이고 아름다운 자태
그윽한 향기
밤비에 시름이 젖진 않을까?

온몸으로 비를 받으며
처연하게 속울음 우는 여인이여

그 누가 알까?
짙은 향기 속 가시 돋친 그 사연을
그 속내 꺾일까 두렵습니다

향기롭다
예쁘다
그대 눈으로만 말해주세요

봉숭아 연정

뜨락에 흐드러진 봉숭아 소녀
하얀색 머리
빨간색 머리
분홍색 머리

무심한 바람결에 아무렇지 않은 듯
너울너울 그냥 웃습니다
형형색색 봉숭아 소녀 바라보다가
내 마음 꽃물이 듭니다

납작 돌판에 붉은 그녀 넋을 울리고
현자가 연금술 하듯
천기석 기운으로 잘박잘박 다독거려서
손톱, 발톱 물들이면
마음도 붉게 물들던 순수의 시절

바람에 흔들리는 가녀린 꽃대
혹여 찾아올 님 마중하는지
갸웃갸웃 기다리다 피멍이 듭니다

소녀 시절을 물들이던 봉숭아 꽃물
첫사랑만큼 순수한 이야기들이
가슴으로 살포시 안겨옵니다

이제는 추억으로 물든
봉숭아 연정
내 눈에도 꽃물이 여울집니다

비움의 진리

마음 한켠
무게처럼 내려앉은 돌덩이 하나
쉽게 내려놓지 못한
가득 찬 욕심이
걸음을 무겁게 한다.

하늘을 향해 두손을 들고
내게 주어진 것들을
담고 또 담으며
언젠가부터 모든 것이 허상처럼 느껴졌다.

비움이 필요하다는 걸
알고 있었으면서도
깊은 길을 돌고 돌아
겨우 깨닫는다.

무엇을 얻으려 애쓰던 나는
정작
무엇을 놓아야 할지
몰랐던 것이다.

방황

텅 빈 주차장이
모두가 떠났음을 말해 주네요
찬바람에 구르는 낙엽은
차마 발길을 옮기지 못하는 나의 가슴을
후려치듯 아프게 합니다

정 많던 사람들은 오간 데 없고
나만 덩그러니 서성거리다가
가을바람에 구르는 낙엽에 눈물이 나고
가슴이 아려옵니다

아픈 것도 슬픈 것도
혼자인 것도 싫은데
현실은 나의 발목을 잡고
어디로 마음을 두어야 할지
어디로 가야 할지를 일러 주지도 않은 채
그 자리만 수없이 맴돕니다

길은 있으나
나의 길은 어디인지
갈 곳을 몰라 서성입니다

외로움

별빛 달빛만이
반짝이는
고요한 적막감

하늘 아래
세상의 불빛들이
보석처럼 반짝이고

나는 그중 한 점이 되어
형언할 수 없도록 아름다운 빛들과
짙푸른 새벽에 도취 된
관객이여라

사랑의 정원사

아침 햇살이
창 너머로 부스스 인사를 하네요

물 조리개에 가득 물을 담고
쏴아 물을 뿌리면
베란다 가득 희망이 움터요

바람이 스치듯 속삭입니다
안녕 안녕
햇살의 향연에 초록빛 잎사귀가
찰랑찰랑 반짝이며 빛을 더합니다

꽃들도 비벼대며 인사를 합니다.
살랑살랑 영차영차
엉치를 두드리며
꽃대가 올라오는 소리

봄봄봄
봄이 오는 소리
사랑이 꽃피는 소리

옛사랑

하루해가 지고
쫓기듯 마무리하고 나면
문득 생각나는 사람,

목소리라도 안부라도 물으며
위로가 되고
위안이 되고 싶은
마음의 주인 같은 사람

문자도 전화도
연락이 닿지 않지만
오랜 지기요 마음의 친구 같은 사람.

서로 목소리를 듣지 아니하여도
그 마음 헤아리며 잘 있으리라
생각만으로도 짐작할 수 있는 사람

한때는 따뜻한 화롯불처럼
마음의 등불 같은 사람아
잘 있지? 잘 있어?

서로 안부를 물어보지 않아도
마음을 알 수 있는 사람
기억 속, 참 좋은 사람입니다

사랑이란 명제로

이른 아침 창밖 유리창엔
스치듯 물기가 그려져 있다
점선처럼……

베란다에 꽃들이 용트림하듯
물기를 그리워함이 역력하다
물호수를 들고 쏴아~

갇힌 좁은 공간 사이 속에서
오늘처럼 비라도 흩뿌리는 날에는
바람마저도 얼마나 그리울지
창문을 열어젖힌다

시원한 바람도 난꽃들도
부벼대며 인사하는 듯 사랑스럽다

활짝 열어젖힌 창밖으로
공원이 정겹다
아무도 찾지 않는 이른 시간
몇 시간 후면 사람들의 발길로
북적일 테지!

아! 어느새 젖으려다가 만 창은
마르기조차 빠르네
아파트 숲을 바라보며
또다시 비몽사몽 해본다

해가 떠오르는가!
환하다
커튼을 내리어본다
꿈길을 간다

꽃과 바람이 서로를 그리워하듯
나에게도 그리운 이들이 참 많다
모두 사랑합니다

다 내 탓으로

살다 보면
이런 일도 저런 일도 있겠지

맥없이 흐르는 눈물에도
사연은 묻어나겠지만

가슴 저리게 아파져 오는 건
너무나 작은 나 때문이더라

모두가 내 탓이라
내 탓이라

내가 아파서 우는 것도
내 탓이라
작은 내 탓이라

사랑의 방식

누군가를 만날 땐
헤어질 것을 염두에 둡니다
거리를 두고 거기까지만

돌아설 땐
차가운 듯 냉정한 듯
아무렇지 않은 척 돌아섭니다

이별도 아닌 게
애초에 만남도 미련도 없었던 듯
유유히 돌아섭니다

가슴 한 켠이 시립니다
하지만 나무랄 수도 없습니다
애초에 약속이란
염두에 두지 않았기에

돌아섰다 말할 수도 없고
그저 묵묵히 인간사를 배울 뿐입니다
아무것도 쌓은 것이 없기에
그것이 인생이 아닐는지요

상실의 시대

가슴이 뻥 뚫린 듯
허전하고
세상이 두려운 것은

말을 섞을 당신이 내 곁에
없기 때문이라오

울고 싶어도 붙잡고 울어 볼
당신이 없기 때문이라오

내 심연에 수련꽃이
피지 않는 것은
당신의 눈물이 메말랐기 때문이라오

바람결

아직은
봄 기운에 스치운 연록빛
살포시
내려 앉은 뽀얀 꽃 송이
가로수 마다
살랑 살랑
춤을 추고 있는 이팝꽃.

곧, 완연한 여름 빛 초록이 되리라.

어여뻐라!
연록빛
그 청초한 잎새에 내려 앉은
바람의 사위.

내 마음도
내 영혼도
앗아 가 버린 듯
무아지경 이어라.

해 묵은 갈대 마저도
새-순筍인 듯
바람결에 내어 준 몸뚱아리로

간들 간들
춤을 춘다.

신록이
짙어 갈수록
또 하나의 계절은 이별을 고하고
또 다른 계절이 방긋이 미소 지을걸
또 다시
바람결에 몸뚱이를 내어 준 채 말이야

길 손을 맞이하듯
바람은 흔들리는 모든 것들에게
속삭이며
다가 오리니

아!
나의 혼 마저도 쏙 빼 놓을 것처럼
예쁘게 멋지게 속삭여 주는
너는
내 뺨 위로 불어오는
명지 바람 이어라!

생로병사

꺼먹꺼먹한 세상이로다
허공에 밝은 빛은 어디로 간 듯
어둠침침, 까막 세상일세

아른거리는 글씨
보일 듯 말 듯
간장이 녹아내린다

내 나이 어느새 노안
재깍거리는 초침 소리

태어나고 늙고 병들고
죽음을 맞이하는
그 모든 순간은

너에게도 나에게도
순리니 순응하라네
그래서 많이 슬프다네

설레임

덩실덩실
날아갈 듯 경사스러운 날

물 한 모금도
삼켜지지 않는 건

가슴 저 밑바닥까지 떨려오는
강렬한 울림이

내 마음을
들뜨게 하고 있기 때문이리라

경사스러운 날은
복되고 성스러운 것

제 4부

소소한 것들에 대하여

지구별 생태계

우레와 같은 폭격 속에서도
꽃은 피어나리라
천지가 개벽을 하여도
희망은 늘 곁에 있으리라

전쟁의 폐허로 뒤덮인 잿더미 속에서
꽃을 바라보는 여인의 눈길엔
경이로움과 감동의 썰물이 맺힌다

폐허 속에서 느끼는
향기로운 꽃 내음
가슴을 뭉클하게 적시는 생명력

우리의 지구!
파괴하지 말아야지
아프다고 울기만해선
인재는 멈추지 않으리니

열악한 환경에서도 꽃이 피어나듯
무수한 이들의 작은 실천으로 지켜나가자
우리 초록빛 세상을

서리

밤새 뽀얗게 내려앉은 서리가
어머니께서 해주시던
쑥버무리가 되어
풀밭에 내려앉았습니다

응달진 곳
하얀 떡가루를 뿌려 놓은 듯
까슬까슬합니다

하얀 머리 길게 드리운
산 비탈길 아래
시리도록 차가운
은빛으로 반짝입니다

아, 세월아

열두 장의 종이를 잡고
마치 숫자를 세듯
하나, 둘, 셋…
아주 편안하게 잘도 척척 넘기고 있다

누군가가 내 시간 속에 들어와서
새파랗게 젊었던 내 시간들을
훔쳐 가버렸다

하루를 지나면
열흘이 성큼 지나 있고
달력 찢기는 소리에 놀라 보면
달이 가고 또 해가 가고 있다

그래 그렇지!
시간은 늘 그렇게 지나가고 있는 것을
새삼 놀랄 것도 없는 것을

어느 날
거울 속에 있는 나
화장기 하나 없어도 곱던 얼굴엔
영양 크림을 뭉쳐 바르지 않으면 안 되는
눈가에 자글한 주름 가득
인정하기 싫은 세월의 흔적이다

아아! 인정할 수밖에 없는 세월을
하회탈처럼 편안하게 웃으며 맞으며
살아가야 하련만!

세월호

기가 막혀 야속한 바닷물을
다 퍼서 마셔버리면 돌아올 수 있을까?
하늘이 울고 땅이 통곡하노니
이제 막 망울진 꽃들

세월호 속에 묻히니
온 세상이 슬픔으로 가득하니
남은 자들은 마음 아파
또 어찌 살아가야하나

애끓는 심정
하루에도 수천수만 번을
바다로 뛰어들고 싶을 것을
손 닿으면 잡힐 듯한 얼굴

갈라져라, 바닷길아
아! 하늘이시여 파도라도 재우소서
빌고 비나이다 기적을 주소서!
아, 슬프고 안타까운 날들이여

억새 무희

솔밭 아래
은빛 물결 넘실대고
억새꽃 서걱서걱 울음 울면
키가 큰 소나무는
억새꽃이 왜 춤추는지 알아?

바람이 지나가며
속살거렸기 때문이야
이산 저산 뻐꾸기가
사연들을 전해주었기 때문이야

귀 얇은 억새
오늘도 사각사각 속삭이며
부비부비 사랑 놀음이네

소천 김天

가시려다가, 가시려다가
못내 돌리지 못한 발길은
사력을 다한 전사처럼
이름 모를 링거 줄 다 이겨낸 채
두 눈 번쩍 뜨시더니

어디 보자 내 새끼들
나 마지막 가는 길에
얼굴 한 번 이름 한 번 불러보자

고맙구나! 미안쿠나!
이승의 마지막 벼랑에서
혼신 다하여 마지막 인사 남기시고
기어코 소천하시니
어찌 아니 눈물 흘리오리까

슬프고 슬프구나!
이승에서의 인연이 아름다웠노라
슬펐노라 말해본들 무엇하리까
가시는 길,
망망대해 눈물바다인 것을

기억일랑 남은 자의 몫으로 남겨 놓으시고
이승의 인연 줄 모두 끊고
모든 연민 다 비우시고
편히 고이 잠드소서!
부디 뒤돌아보시지 말고
영면하시옵소서!

소소한 것들에 대하여

얼마나 거창하고
얼마나 잘해야만
잘 사는 건가요?

내 마음 가는 대로
내 마음 시키는 대로
법과 도덕에 어긋나지 않고
순리대로 살면
잘 살아가는 거 아닙니까?

잘 산다는 거
잠자리에 들기까지
별일 없이 무탈하게
곱게 자리 펴고 잠들면
잘 산 거지요?

무탈하게 곱게 성내지 않고
억울함 당하지 않고
남에게 애매한 소리 하지 않고
웃으며 집으로 들어가서
가족과 잠자리에 들 수 있다면
최고의 날 아닐까요?

청송青松

청청青青 푸르른 그대
기백과 기상
아름다워 사랑하였네

수백 년 세월이 지나
천 년이 되어도
변하지 않는 빼어난 기품

우리 다시 태어난다면
사시사철 푸르른
청송 연리지 되어

고혹하고
청청하게
살다 갑시다

솔 향기 피는 밤

산어귀 돌고 돌아
짤랑짤랑 워낭소리 울려 퍼지면
산기슭 따라
소 몰고 가는 소년, 소녀들

양지바른 곳 무덤가
한가로이 풀을 뜯으며 노니는 소
뒷산은 아이들의 놀이터

대나무 갈퀴로 솔가리 긁어모으면
키 작은 아이들은
긁어 놓은 솔가리
망태에 옮겨 담느라
이리저리 폴짝이며 뛰어다니네

서산 너머 지는 해를 따라
줄을 지은 아이들
워이~ 워이~ 소를 앞세우고
까맣게 탄 얼굴들
방울 소리만큼 해맑은 재잘거림

소죽 가마솥에는
솔 향기가 솔솔 피어오르고
저녁 굴뚝에는 연기가 모락모락,
된장찌게에 감자조림이면 진수성찬

별이 총총한 밤에 도란도란 피어나는
옛날이야기에 두 귀 쫑긋거리며
밤이 깊도록 멍석 옆 모깃불은
꺼지지 않았다네

엊그제 같았던 옛 기억들을
소년, 소녀가 소 몰아 오듯 몰고 오는 밤,
솔향기처럼 피어나는 밤이네

순리 順理

순간의 찰나가 만들어내는 소중함
순간순간이 싱그럽길

호수와도 같은
바다와도 같은
태산 같은 믿음으로
사람들을 사랑하게 하소서

순간들을 회피가 아닌
진실함으로 살게 하소서
유유히 흐르는 물처럼
잔잔하고 고요히
분노함 없는 순간이게 하소서

모가 나면 둥그러지게 연단하고
둥글 둥글 살다가 가리니
각진 마음 뒤틀린 마음
모진 마음 먹다가도
둥근 마음으로 돌아오게 하소서

씨앗의 전설

마음의 밭고랑에
씨앗을 뿌렸습니다

믿음의 씨앗
소망의 씨앗
사랑의 씨앗
긍정의 씨앗

이 세상 어떤 풍파가 닥칠지라도
굳건히 이겨낼 수 있는 건
나의 마음에 내가 뿌린 씨앗들이
뿌리를 내려
잘 박혀 있기 때문입니다

나의 웃음과 행복은
잘 자란 씨앗이
꽃 피운 것 입니다

아픈 사랑

밝은 척 강해 보이지만
속엔 말없이 끓는 고요한 용기
곰삭은 김칫국이 아닌
천천히 익어가는 기다림이었죠

나도 모르게 흔들리던 날들
당신의 인내는 말대신
조용히 등을 내 주었고
나는 그 온기속에 앉았어요

완벽하지 않은 나를 비난하지도 무겁게
판단하지도 않은 그 너그러움이
때로는 가장 깊은 사랑이란걸
이제야 알 것 같아요

사랑은 처음처럼 환한 것이 아니라
끝까지 바라봐 주는 일

내 마음 깊은 곳의 우물에
작은 빛이 들기 시작했어요

여명을 기다리며

몽유병인 듯 짙은 안개 속을 달려갔다
한 치 앞도 제대로 보이지 않는 숲길을
홀린 듯 터벅거리며 들어간다

나의 허리 절반을 껴안고 휘도는 뿌연 것들
저 만큼에선 나를 볼 수 없고
희뿌연 안개에 가리어진 난,
못난 것도 잘난 것도 없는
나의 부족함 따위도 보이지 않아 좋다

숨소리뿐인 안개 속에서
난 영원히 언제까지나
걷히질 않길 바라는지도 모른다

미로 같은 삶
나는 치열함과 더 이상
몸부림치고 싶지 않을지도 모른다

곧 여명과 함께 안개는 걷히고
떠오른 빛의 새로운 세상 속에서
분주히 움직여지리라

꿈꾸는 씨앗

홀씨가 빙그르
허공을 날아갑니다

어디로 떠 가야 할지
동실거리며 갸웃거립니다

꿈을 팝니다
짊어졌던 부푼 꿈 한소끔
팽그르르 내려놓습니다

뿌리 깊은 나무를 꿈꾸며
땅속 깊게 내리박힙니다

희망을 심었네요
꿈들이 온 대지 속에서
꿈틀거리며 용트림 합니다

우리들의 꿈이 온 세상을
환하게 밝혀 줄 봄을 축복합니다

또 내려앉네요
깊이 언 땅
단비에 쑥쑥
소망의 씨앗들이
앞을 다투어 내달립니다

애哀

애를 끓이다 삭히던 마음이
곰삭고 곰삭아 흐르는 눈물에
복받침이 돋는다

두 손을 틀어막고
그저 눈물만 뚝뚝 떨친다

듣는 이, 아무도 없건만
그냥 소리내어 펑펑 울면 되련만
애달도록 참아내는 미련함은
평생을 살아오면서
너무나 씩씩하게 참아온 탓일까?

아프다고 말해본들
들어줄 이 아무도 없다는 것을
아는 까닭이기도 하다

애 끓어 간장이 녹아내리는 날이면
나는 그저
혼자서 아플 뿐이다

고독한 눈물

꽤나 지났을 듯한
밤인지 낮인지 모를 시간
창가에 또르르 구르는 빗물이
흩어지고 모이고

열린 하늘에 빗물이 아스라이
꿈길인 듯 빗길을 열어
세상을 물들이고 있다

공간에 갇혀버린 나!
천지가 개벽할 대란의 시간일진대
빠르게 흘러가는 시간과 움직임들이
뇌리에 그려질 뿐,

사방 막힌 시공 속에 덩그런 적막감
움직임 없는 고요 속에 흐트러지는 마음
딱히 무어라 설명하면 서러운 공간!

엊저녁부터 내리는 비가
그치지 않는 건 내 마음
희뿌옇게 흩뿌리는 비는
내 눈 속에 흐르는 눈물

여름 산

헐떡이는 거친 숨소리
지구를 몇 번 들었다 놓았다
후들거리는 휘청임
손에 잡힐 듯 좁혀지지 않는 고지를

지팡이에 양손 무릎 잡고 내디디어 본다
하늘 끝 손 닿는 곳으로
풀 내음 흙 내음에
코끝 전율 짜릿하여라

산이 좋아 산사람 된 자연인
어찌 홀릭 되지 않을 텐가

맛있는 산 내음 오가는 행로
후각으로 향기롭고
미각으로 싱그럽고
청각으로 즐거우니

흠뻑 젖은 옷깃
어느새 산바람에 꾸덕꾸덕 말리어지고
몸도 마음도 어느새 새틸 같기만 하네

열매

드디어
결실이 열렸다

고추 모종 심고
꽃만 잔뜩 피우길
스무날도 더 지났건만

녀석이 열리지 않아
기다리며 지새운 여러 날

드디어
나의 작은 정원 베란다에도
녀석이 주렁주렁 열렸다

꽃보다 더 귀한 결실앞에
귀한 손님이 찾아온 듯
반가워라

오래 묵은 사랑

오래전 알던 사람
은은한 불빛처럼 꺼지지 않는
편안한 사람

만나지 않아도 생각만으로도
고향의 두엄 같은 그런 사람,
소식을 전하지 않아도
물어보지 않아도 느껴지는 사람입니다

마음속에 묻어 두고
고이 꺼내 보는 엽서 같은 사람
그런 사람 있어 가끔 내 삶이 지칠 때
거울처럼 들여다보며 위로가 되는 사람

만나지 않아도 생각만으로도 좋은 사람
그래서 늘 곁에다가 두고 살포시 꺼내어 보는
마음의 쉼터 같은 사람

잊으려 해도 잊히지 않는 울타리 같은
오래전 기억의 안뜰에 자리한 사람
곁에 있을 때 보다 더 좋은 추억 속
참으로 오래전 사람입니다

제 5 부

샛별 소나타

꽃잎에 새겨 본 사연

꽃잎을
한장 한장 떼어 붙이고
예쁜 꽃수를 놓아 편지를 쓴다

여느 집 왁작지껄한 담장 너머의 풍경들이
어느 날 지나가 버린 나의 옛이야기

꽃잎에
가족, 사랑, 행복
또, 어머니를 그려본다.

꽃잎에 덧대어 보니
참 곱고 예쁘기도 하다.

내 가슴에 꽃밭에는 늘 그늘져
꽃잎 흩어져 내리고

화사하게 웃고 있지만 웃는게 아니야
그냥
그렇게 보이고 싶을 뿐이다

달력 속 이름 있는 날들 앞에서는
바람결에 뒹구는 낙엽처럼
뚝 뚝 떨어져 꽃물 진 자리
마를새가 없어라

새벽 나그네

달빛 부서지는 창가에
끝끝내 사그라져 몰락해 가는
희멀건 한 몰골이라도

영창에 걸어 둔
노오란 손수건을
떼어 물고 오소서

새벽닭 울음소리에
날개 꺾인 흰 달,

영혼마저도 말아먹은 듯
희멀건 그림자 새벽달,
나그네여 오소서

이별

다 놓아 버리고 떠나고 싶다
애증도 없고
시기도 질투도 없는 곳

그곳이 어디인가?
발길이 없는 곳
인기척 드문 산속
깊은 곳이면 되려나?

인연을 맺지 아니하면
번뇌할 필요도 없을 진데
얽히고설킨 줄 하나로
웃다가 끝내는 울리는 인간사

내 탓이려니
내 탓 이려오
내 부덕함 탓 이려오

저녁노을

하늘빛 형형색색 수를 놓으니
그 아름다움을
어찌 다 표현할 수 있을까요

그대 심상에 물들어 버린
내 마음이 고와 보이지 않으신 가요?

온 산하山河에 그대가 내려앉으니
천지가 내 것인 듯
심장이 터질 것 같습니다

날 보고 싶어 산마루터기에서
잠시 머물다 가시는 당신이 참 아름답습니다

감사합니다
눈물 나게 행복합니다

입춘대길 入春大吉

눈보라 치는 겨울
매서운 날들 속에서
입춘이 그토록 기다려지는 건
굶주린 영혼들을 위로하기 위해
쏟아내는 따사로운
햇빛을 기다리기 때문이지

꽃대에 물이 오르고
꽃망울 터지는 소리가
먼 곳에서 들려오는 입춘
일상의 절망 속에서도 기뻐하고
경이로움에 스스로 위로하고 픈 것은
피어오르는 꽃물들을 기억하고 픈
사랑의 마음이다

첫사랑을 안고 뒹굴던 아스라한 기억들이
꽃대에 오른 물처럼 신음하며
설레던 그날의 기억을 잊지 못하듯
입춘은 시작이지만
결국 아름다움의 승화는
순결한 몸짓의 희생이 있기 때문이지

움 하나 싹 틔우기까지
산고의 고통만큼이나 힘든
산과 들의 아비규환이 있을지
입춘을 맞으며
희생과 아름다움의 공생을 생각한다

초자아

서로를 애타게 그리워하다가
터널이 되어버린 숲길로
나는 자아를 찾아 떠나기로 했다

한 쌍의 새만이
나뭇가지를 오가며
정적을 깨우던
아무도 오지 않는 곳에서

바람에 가지가 흔들리고
새가 되어 가고 있는 나를 보았다
그 숲에서 난,
성장하고 있는 나의 자아를 보았다
날개를 단 초자아를

욕망

손에서 일이 없어지면
괜히 서성거린다

빈손 빈 마음을 채우려
이곳도 기웃
저곳도 기웃

아무도 채워줄 리 없건만
허덕이는 날 보면서
켜켜이 쌓여가는
외로움의 무게에 눈물이 난다

이 공간 저 공간을
다 채워도
마음이 꽉 차는 건 아닐진대

그냥, 오늘도 그냥
마음 둘 곳이 없으니
또 괜히 허공에서 서성거린다

첫눈

처마 끝에서
밤새 내린 눈이 햇빛에 녹아내려
비처럼 뚝뚝 떨어진다

아직 꽃도 다 피우지 못한
가을꽃들이 애잔해
마음이 쓰인다

어쩌나! 된서리 맞아
힘없이 고개숙인 저 꽃들
내 입은 옷이라도 벗어
따뜻하게 덮어 주고 싶지만……

계절은 언제나
이유도 없이 먼저와서
우리 마음을 흔들고 간다

작년보다 일찍 찾아온 손님
산에 들에 내려 앉은
하얀 설화가
풋사랑처럼 설렌다

초승달

달빛만 덩실한 촌구석
변소를 가야 하는데

귀신 이야기에 이불 뒤집어쓰고
잔뜩 웅크려진 마음

볼일은 급하고
엄마를 앞세우고 뒷간 가는 길

휘영청 밝은 달빛은 어디로 가고
초승달마저
구름 속에서 나오질 않으니

오줌을 싸는 건지 어쩌는 건지
간담이 서늘하여
잽싸게 벗어 던진 신발
달빛보다 먼저 문을 닫았다

향기로운 친구

내 멋진 친구들
가슴 가득 향기롭습니다
서로 말하지 않아도
느껴지는 마음은
향기가 있기 때문입니다

향기를 나눠주어 고맙습니다
비어있는 날을 채워주고,
묵묵히 보듬어주는 배려

그대들의 착한 근성이 있어
나는 진심으로 행복합니다.

함께여서 좋고
함께일수록 더 착해질 수 있음을
나는 배웁니다.

샛별 소나타

새벽녘 커튼을 젖힌다
샛별처럼 반짝이는
가로등 불빛들이
파노라마처럼 펼쳐지는 영롱함

눈길도 마음도
파란 호수 짙푸른 야광
찬란함으로 빛나는
아름다운 섬광

소설小雪 지나버린 계절
가슴 한구석 따뜻이 전해오는 작은 전율에
내 마음에 살포시 차오르는 벅찬 희열과
푸른 밤 서정곡으로 설레어라

풍경화

나는 선풍기 바람을 맞고 앉아 있는데
창 밖 강아지풀들이
이리저리 강바람에 흔들흔들

해그림자 길게 드리운
전깃줄도
바람을 일삼아
일렁일렁

하늘 담은 호수 속
해 머금은 그 자리
바람결 따라
은빛 물결이 반짝반짝

소나기

한순간의 꿈이었을까?
주마등처럼 지나가는 시간들

고요의 침묵 속으로
저벅저벅……
아이 때부터 지금까지
한여름 꿈에서 깨어난 듯
찡합니다.

웃다가
울다가
그렇게 소나기도 맞고
눈 깜빡할 새
이제는
붉게 물든 노을에 눈길을 마주하고

지나온 발자취들이
소낙비처럼 쏟아져 내리고
어린 시절, 텔레비전 속
동경했던 배우들은
원로 배우라 이름 지어져 있고
나는 사랑하는 이들과
하얀 머리칼을 물들이고

정든 이들의
먼 길 소풍……
세월의 흔적은 가슴을 녹이건만

아버지의 방
뽀얗게 피어오르던

담배 연기마저
그립디그리운 오늘

소낙비 쏴아
흘러내린 세상 끝
유리알처럼 반짝이는
섬광 저편

피어오른 무지개는
인자하게 손 흔들어 주시던
내 어머니의 모습처럼
아름답습니다.

하늘빛

저물어 가는 하늘빛
노을이
참 곱기도 하다.

내 마음 같은 하늘빛
하늘빛이 내 마음이라.

보고 또 보아도
아름다운
나의 하늘이시여!

어머니

어머니
어머니
어머니
나의 어머니!

어느 아련한 그리움이
이보다 더 클 수 있을까요?

꿈길에서라도
단 한번만이라도
만져보고
안아보고
그 목소리 들을수만 있다면

아…,

그땐 알지 못했던
크신 그 사랑이
그리움이 되어
참회가 눈물되어 얼룩집니다.

살아 생전
속죄하나 못 남긴 말들이
그립고
그립고
그리움의 회한으로 얼룩집니다.

그립습니다.
보고 싶습니다.
사랑합니다.
어머니!

소쩍새 울던 봄

소쩍소쩍 멀리 앞산에서
소쩍새 울던 그날
어머니께서 내 큰 오라버니에게
'소쩍새'니라, 이름을 알려 주셨던 그날
몇십 년을 돌아 생각해 보니
이쯤 봄 이였던가?

소쩍새 울던 그날에도
이 봄은 있었건만
세월 훌쩍 뛰어넘은 오늘,
소쩍새 울음소리는 들리지 아니하고
쌩하니 지나는 차 소리만 요란하네

그리웁고 그리운 옛 세월이
벚꽃 향기처럼 솔솔 묻어나오면
아련한 추억 속에
어머니의 모습이 스치고
눈가엔 어느새 눈물이 글썽이누나

호수

내 마음의 호수는
어떤 날은 맑고 깊은
또 어떤 날은 녹조로 흐릿하지만
평안해지면 정화되어 맑아지네

세파에 시달리고 찌들지라도
겸손과 감사를 익히고
무심코 던진 돌멩이에 개구리가 맞아 죽듯
편견과 실수로 상처를 주지 말라며
배려와 관용을 배우라 하네

성내지 않는 잔잔한 호수가 되어 보라고
하늘바라기 호수는
부끄럽지 않은 겸손한 기품을
배우며 살아보라고
늘 한결같은 마음으로
자연의 섭리에 순응하며 살아보라고 하네

화병

너무 화가 나서
막말로 나를 위로하려 합니다

못났어!
참 못났어!

나의 밑바닥을 훤히 드러내고
홀라당 벗겨 가며
억누를 수 없는 화를 토해내고

잔잔한 물결 같은
시간 앞에 나를 앉혀 놓아 보니

부족한 나를 자각하고
또 돌아보고 성찰하고 있습니다

용서하소서
지혜로울 수 있길 기도합니다

회상回想

진달래 앞다퉈 피던
그 산야는
어제도 오늘도
내일도 여전히 푸르련만

되돌아갈 수 없는 날들의
기억 속
코흘리개들
살포시 불러봅니다

그리운 내 고향
뒷동산 코흘리개들
정다움은 아직도 그대로입니다
그네들이 그립습니다

샘문시선 1061

한국문학상 수상 기념시집

사랑의 정원사

김명순 시집

발행일 _ 2025년 3월 25일
발행인 _ 이정록
발행처 _ 도서출판샘문
저　자 _ 김명순
감　수 _ 이정록
기　획 _ 박훈식
편집디자인 _ 신순옥, 한가을
인　쇄 _ 도서출판샘문
주　소 _ 서울특별시 중랑구 동일로 101길 56, 3층(면목동, 삼포빌딩)
전화번호 _ 02-491-0060 / 02-491-0096
팩스번호 _ 02-491-0040
이메일 _ rok9539@daum.net / saemteonews@naver.com
홈페이지 _ www.saemmoon.co.kr (사단법인 문학그룹샘문)
　　　　　www.saemmoonnews.co.kr (샘문뉴스)
출판사등록 _ 제2019-26호
사업자등록증 등록 _ 113-82-76122(사단법인 도서출판샘문)
　　　　　　　　　 677-82-00408(사단법인 문학그룹샘문)
　　　　　　　　　 104-82-66182(사단법인 샘문학)
　　　　　　　　　 501-82-70801(사단법인 샘문뉴스)
　　　　　　　　　 116-81-94326(주식회사 한국문학)
샘문사이버교육원 (온라인 원격)-교육부인가 공식교육기관 _ 제320193122호
샘문평생교육원 (오프라인)-교육부인가 공식교육기관 _ 제320203133호
샘문뉴스 등록번호 _ 서울, 아52256
ISBN _ 979-11-94817-01-7

본 시집의 구성은 작가의 의도에 따랐습니다.
이 책의 저작권은 저자와 도서출판 샘문에 있습니다.
무단 전재 및 표절, 복제를 금합니다.

파손된 책은 구입처에서 교환해 드립니다.
본지는 한국간행물 윤리위원회 윤리강령 및 실천요강을 준수합니다.

문집 출간 안내

도서출판 샘문 에서는

베스트셀러 명품브랜드 〈샘문시선〉에서는 각종 시집, 시조집, 수필집, 동시집, 동화집, 소설집, 평론집, 칼럼집, 꽁트집, 수상록, 시화집, 도록, 이론서, 자서전 등 문집을 만들어 드립니다.

도서출판 샘문에서는 저자님의 소중한 작품집이 많은 독자님들에게 노출되고 검색되고 구매하여 읽히고 감상할 수 있도록 그 전 과정을 기획, 교정, 교열, 퇴고, 윤문(첨삭,감수), 디자인, 편집, 인쇄, 제본, 서점 등록(납품,유통), 언론홍보, SNS홍보 등, 출판부터 발매 까지의 전략을 함께해 드립니다.

📖 출판정보

샘문시선은 도서출판비를 30% 인하 하였습니다. 국제원자재값 폭등으로 인하여 문집 원자재인 종이값 등이 3번에 걸쳐 43% 상승하였으나 이를 반영하지 않았습니다.

- 📢 저자가 필요한 수량만큼 드리고 나머지는 서점 유통
- 📢 시집 표지는 최고급으로 제작함 - 500부 이상
- 📢 제목은 저자 요청시 금박, 은박, 에폭시로도 제작함
- 📢 면지는 앞뒤 4장, 또는 칼라 첨지로 구성해드림
- 📢 본문은 100g 미색 최고급지 사용함(눈 보안용지, 탈색방지)
- 📢 본문 200페이지 이상은 80g 사용
- 📢 저서봉투 - 고급봉투 인쇄 무료 제공
- 📢 출간된 책 광고(본 협회 =〉홈페이지, 샘문뉴스, 내외뉴스, 페이스북 13개그룹(독자& 회원 10만명), 카페 3개, 블로그 2개, 카톡단톡방 12개, 유튜브, 카카오스토리, 인스타그램, 문예지 4개, 문학신문 등)
- 📢 견적 ▷ 인세 계약서 작성 ▷ 기획 ▷ 감수 ▷ 편집 ▷ 재감수 ▷ 재편집 ▷ 인쇄 ▷ 제본 ▷ 택배 ▷ 서점 13개업체 납품 ▷ 저자에게 납품 ▷ 유통 ▷ 홍보 ▷ 판매 ▷ 인세지급
- 📢 출판기념회는 저자 요청시 본사 문화센터(대강의실) 무료 대여 가능(70명 수용가능) 현수막, 배너, 무대 조명, 마이크, 음향, 디지털 빔, 노트북, 줌시스템, 모니터, 컴퓨터, 석수, 커피, 차, 무료 제공
- 📢 저자 요청시 저자의 작품 전국대회에서 수상한 시낭송가가 낭송하여 유튜브 동영상 제작 =〉 출판기념식 및 시담 라이브 방송
- 📢 저자 요청시 네이버 생방송 출판기념회 가능(유튜브 연동) - 네이버 라이브 커머스쇼
- 📢 뒷 표지에 QR코드 삽입가능 - 저자의 작품 시낭송 유튜브 동영상 등(요청시)
- 📢 교정, 교열, 감수, 윤필(첨삭감수), 평설, 서문 등(유명한 시인, 수필가, 소설가, 문학평론가, 항시 대기)

문집 출간 안내

📖 빅뉴스

이정록 시인의 〈산책로에서 만난 사랑〉이 네이버 선정 베스트셀러로 선정 된 이후 〈내가 꽃을 사랑하는 이유〉, 〈양눈박이 울프〉, 〈꽃이 바람에게〉, 〈바람의 애인, 꽃〉시집이 연속 교보문고 베스트셀러에 선정 되고 5권 전부 출간 순서대로 골든존에 등극하였다. 평생 한 번도 어렵다는 자리를 이정록 시인은 5년 동안 5번에 오르고 현재도 이번 2022년 5월경에 출간된 [바람의 애인, 꽃] 영문판과 [담양장날]이 출간을 기다리고 있다

〈서창원 시인, 2회〉, 〈강성화 시인〉, 〈박동희 시인〉, 〈김영운 시인〉, 〈남미숙 시인〉, 〈최성학 시인〉, 〈이수달 시인〉, 〈김춘자 시인〉, 〈이종식 시인〉 외 한용운문학상 수상 시인인 〈서창원 수필가〉, 〈정세일 시인〉, 〈김현미 시인〉가 올랐고, 2022년 올 봄에는 〈정완식 소설가〉 『바람의 제국』 이 소설집으로는 최초로 『네이버 선정 베스트셀러』 반열에 올랐고, 〈이동춘 시인〉에 『춘녀의 마법』 시집이 『네이버 선정 베스트셀러』 반열에 올랐다. 그리고 컨버전스공동시선집과 한용운공동 시선집도 간간히 베스트셀러를 하고 있는 〈베스트셀러 명품브랜드〉 『샘문시선』 이다

〈샘문시선〉은 〈베스트셀러_명품브랜드〉로서 고객님들의 〈평생가치를 지향〉하는 〈프리미엄 브랜드〉입니다. 고객이신 문인 및 독자 여러분, 단체, 기관, 학교, 기업, 기타 고객분들을 〈평생고객〉으로 모시겠습니다. 많은 사랑 부탁드립니다

📖 샘문특전

- 📣 교보문고, 영풍문고, 인터파크, 알라딘, 예스24시, 11번가, Gs Shop, 쿠팡, 위메프, G마켓, 옥션, 하프클럽, 샘문쇼핑몰, 네이버 책, 네이버쇼핑몰, 네이버 샘문스토어 등 주요 오프라인 서점, 온라인 서점, 오픈마켓 서점에서 공급 및 유통하고 있습니다.

- 📣 기획, 교정, 편집, 디자인에 최고의 시인 및 작가, 편집가, 디자이너, 평론가, 리라이팅(첨삭 감수) 및 감수 전문가들이 참여하여 감성, 심상이 살아 있는 시집, 수필집, 소설집, 등 각종 도서를 만들어 드립니다.

- 📣 인쇄, 제본, 용지를 품질 좋은 우수한 것만 사용합니다.

- 📣 당 출판사 〈한용운공동시선집〉, 〈컨버전스공동시선집〉과 〈한국문학공동시선집〉, 〈샘문시선집〉을 자사 신문인 (샘문뉴스)와 제휴 신문인(내외신문), 글로벌뉴스와 홈페이지(2군데), 샘문쇼핑몰, 네이버 샘문스토어, 페이스북, 밴드, 카페, 블로그를 합쳐서 10만명의 회원들이 활동하는 SNS 20개 그룹 공개 지면 및 공개 공간을 통해 홍보해 드립니다.

- 📣 당 출판사를 통해 국립중앙도서관 및 국회도서관 및 전국 도서관에 납본하여 영구적으로 보존해 드립니다.

- 📣 당 문학그룹 연회비 납부 회원은 30만원 상당에 〈표지용 작품〉을 제공 받습니다.